Faites tomber le masque

Gonzales Pauline

Faites tomber le masque

ISBN 979-10-699-4656-9

PRÉFACE

Est-ce que ce livre détient la clé du bonheur universel ? Pour être honnête je n'en sais rien. Sans une prise de conscience de votre part, mes paroles n'ont en effet, que peu d'intérêt pour vous. Le chemin que j'ai parcouru en écrivant cet ouvrage m'a beaucoup apporté et il offrira tout autant à qui le lira de manière positive et ouverte. Si vous êtes prêt à évoluer, à lâcher prise et à avancer, accrochez-vous car le changement est imminent, il est au creux de vos mains.

J'ai longtemps vécu une vie qui n'était pas la mienne ; pour satisfaire les autres, ou pour me protéger, parfois les deux. Le fossé entre la personne que je voulais être et celle que j'étais vraiment s'agrandissait de jour en jour. Et pour cause, le regard des autres prenait une place considérable dans mes choix et dans ma façon de vivre. Je voulais renvoyer la meilleure image de moi-même à ceux qui m'entouraient. Finalement, c'est en me comportant ainsi que j'ai fini par faire tout l'inverse. À vouloir paraître parfaite, j'ai oublié de vivre ma vraie vie, la seule qui pouvait me rendre intensément heureuse.

Derrière mes airs de jeune fille affirmée et sûre d'elle, je manquais cruellement de confiance en moi. J'ai gâché beaucoup de mes relations amicales mais surtout amoureuses par cette absence d'estime et d'assurance personnelle. J'éprouvais une difficulté immense à m'ouvrir et à faire confiance à la personne qui partageait ma vie ; sans jamais prendre conscience que c'était en moi que je n'avais pas confiance. J'imputais chacune de mes fautes aux autres par peur d'être blâmée ou jugée. Je ne voulais pas détruire ce reflet positif de moi que j'avais mis du temps à construire.

Mon enfance et mon adolescence n'ont pas été des périodes faciles. J'ai longtemps mis un voile sur mes erreurs en prétendant qu'elles étaient dues aux difficultés que je traversais. Je me cherchais des excuses. Cependant, tout le monde traverse des étapes compliquées et cela ne donne en rien le droit de blesser les autres.

Ma dernière relation amoureuse fut très passionnelle. Elle m'a transportée, exaltée et enivrée. Nous avons eu la chance de beaucoup voyager. La découverte du monde, de nouvelles cultures et de paysages incroyables n'ont fait que renforcer la puissance de notre amour. Seulement, je n'ai pas su protéger le diamant brut que j'avais entre mes doigts. Petit à petit la passion nous a brulés, étouffés, jusqu'à devenir un simple tas de cendres. La séparation était inévitable.

C'est ici que tout a commencé. La prise de conscience fut brutale, mais incroyablement positive. Moi qui avais pour habitude de m'effondrer et de sombrer après chaque rupture, contre toute attente, je me suis relevée, plus ambitieuse que jamais et déterminée à évoluer, changer et m'assainir.

J'ai compris qu'il était temps d'enlever mes œillères et de commencer à devenir moi-même. Du jour au lendemain j'ai pris le parti de m'assumer, de reconnaître mes erreurs et de chercher à comprendre mes démons.

J'ai gâché beaucoup d'années de mon existence à vivre dans la peau de quelqu'un qui n'était pas moi, mais finalement toutes les erreurs que j'ai commises sont extrêmement précieuses. Grâce à elles j'ai pu ouvrir les yeux, évoluer et puis par-dessus tout faire la paix avec moi-même. Mon passé n'est plus mon ennemie, bien au contraire, il est ma force. Il m'a appris à ne jamais rien lâcher, il m'a donné de l'énergie pour devenir une personne saine et sereine.

Avec de la volonté, tout est possible. Il suffit de comprendre que le bonheur, la paix et la réussite ne se trouvent pas à l'extérieur. Inutile de courir après ou d'attendre qu'ils viennent frapper à notre porte. Tout cela se construit, au fond de nous, à l'intérieur de notre corps et de notre esprit. Lorsque l'on parvient à adopter une vision positive de la vie on trouve du bonheur et du plaisir partout ; Même dans ce qu'il y a de plus simple, même dans ce qu'il y a de plus dur.

Nous choisissons nous-mêmes de nous compliquer la vie, nous choisissons nous-mêmes de nous enfermer dans un cercle infiniment sombre lorsque tout semble s'écrouler.

Il ne tient qu'à nous de cultiver notre force, de nous battre puis finalement de nous relever intensément grandi.

Chaque personne mérite de vivre en accord profond avec sa conscience. Tout le monde a le droit d'être heureux. Parfois nous ne savons juste pas comment faire, ni par où commencer. Si vous aussi vous avez envie de faire rimer votre vie avec épanouissement, légèreté, et sérénité, laissez-vous guider à travers les pages de ce livre qui vous donneront toutes les clés nécessaires pour commencer votre travail personnel.

Chapitre 1 : CONTEXTE - UNE SOCIÉTÉ MÉTAMORPHOSÉE

Le début des années 90 marque un véritable tournant dans l'histoire de notre société, celui de la naissance du monde moderne. Ouverture internationale, multiplication des possibilités, arrivée des nouvelles technologies et des réseaux sociaux, toutes ces nouveautés ont bouleversé notre façon de vivre, d'agir, et de penser.

Alors que dans les années 60, le problème majeur de la société résidait dans un trop plein d'interdits, aujourd'hui c'est l'accroissement des possibles qui nous paralyse. Le monde change, il se modifie et se complexifie mais les mentalités quant à elles peinent à s'y adapter.

Les nouvelles générations sont en manque de repère et se noient petit à petit dans le champ des possibles. Nous sommes attirés par tout mais paradoxalement nous peinons de plus en plus à nous réaliser et à nous épanouir. Comment pouvons-nous être certain d'avoir choisi la bonne voie alors qu'il en existe des milliers d'autres ?

L'un des changements majeurs de notre siècle est celui de la naissance des réseaux sociaux. La démocratisation de ces plateformes, certes porteuses d'innombrables atouts, a néanmoins complètement transformé nos comportements. Ces réseaux ont permis au monde de s'ouvrir et de communiquer en un temps record. Ils ont fait naître d'innombrables opportunités mais cachent également des aspects bien plus négatifs.

Nous vivons actuellement dans une société où le paraitre est devenu maitre mot. Les réseaux sociaux deviennent de véritables vitrines, des catalogues affichant produits de luxe, réussite et vie de rêve. Les individus utilisent désormais ces sites de partage pour montrer un quotidien embelli qui ne reflète en rien la réalité : des beaux voyages, des quantités de vêtements, des grosses voitures, des silhouettes parfaites et des visages lisses, dignes des plus grands magazines. Les jeunes s'y identifient, ils y voient une source d'inspiration et deviennent petit à petit envieux de ces personnalités qui mettent en scène une vie soi-disant parfaite mais aucunement réelle.

Rappelons-nous que ce que l'on voit sur ces réseaux n'est que la partie visible de l'iceberg.

Notons bien que les personnes qui brillent sur la toile Internet ne représentent qu'un maigre pourcentage de la population. Pourtant grâce à la viralité offerte par ces plateformes, elles parviennent à inonder le web et c'est sur elles que nos regards finissent par se poser, c'est à elles que l'on se compare. On oublie alors que la grande majorité de la population ne vit pas de cette manière-là. La proximité qu'offrent les plateformes sociales avec ces personnalités nous donne une impression erronée d'accessibilité. On tente alors tant bien que mal de ressembler à ces personnes qui nous inspirent en consommant et en s'exposant de manière similaire. Nous nous créons un idéal de beauté, un idéal de vie de manière général en nous basant sur tout ce que l'on voit sur les réseaux. Finalement nous ne cherchons même plus à nous accomplir tel que nous sommes, nous préférons ressembler à ce que l'on estime être notre vision de la perfection.

Le manque de confiance en soi, la multiplication des complexes, la perte de personnalité au profit de la ressemblance sont autant de maux qui étranglent notre société moderne et la jeunesse qui la constitue.

Face à tout cela le système d'éducation reste quant à lui inchangé, devenant petit à petit complètement obsolète. Notre monde moderne ne ressemble en rien à celui d'hier. Pourtant tout ce que l'on nous inculque à l'école n'a pas pris une ride. Nous étudions toujours les Mathématiques, le Français, l'Histoire et la Géographie mais qu'en est-il des compétences humaines, des nouvelles technologies et de l'intelligence émotionnelle ?

Si ce n'est pas l'école qui apprend aux enfants que tout ce que l'on voit sur Internet ce n'est pas la réalité, si ce n'est pas l'école qui apprend aux enfants à être tolérant face à la différence, si ce n'est pas l'école qui apprend aux enfants l'importance de se faire confiance et de s'aimer tel que l'on est ? Qui le fera ?

Nos parents peuvent nous apporter certaines clés mais ils comptent aussi sur notre système éducatif pour renforcer ces valeurs. Pendant l'enfance, nous passons bien plus de temps sur les bancs de l'école qu'à partager des moments en famille. Cette période est incroyablement cruciale, c'est là que tout se joue. Il est bien plus facile d'apprendre et de s'adapter au monde qui nous entoure lorsque l'on est jeune que de réussir à changer sa vision de la vie et son comportement à l'âge adulte.

Bien entendu, nous évoluons tout au long de notre existence. Mais lorsque l'on démarre dans la vie avec des valeurs solides et des savoirs adaptés au monde qui nous entoure, nous avons bien plus de chance d'avancer sereinement.

De plus, si notre génération est née avec un téléphone portable dans les mains, nos parents quant à eux n'ont pas toujours une connaissance aguerrie de ce milieu digital. Comment peuvent-ils mettre en garde les plus jeunes s'ils ne connaissent pas eux-mêmes les vices et les enjeux de ces plateformes ?

On pourrait penser qu'il serait plus sage et moins risqué de priver la jeune génération de ces nouvelles technologies, mais en réalité non. Non, parce qu'elles représentent l'avenir, l'avenir dans lequel nous allons grandir, travailler et évoluer. Nous nous devons de les comprendre et même de les apprivoiser mais pour cela il est primordial d'apprendre à les utiliser de manière positive.

Si le monde change, il est évident que les savoirs requis doivent eux aussi évoluer. L'apprentissage dans les écoles doit s'adapter au fur et à mesure que le fonctionnement de la société se métamorphose. Il devient urgent de nous former à toutes ces nouvelles technologies pour ne plus les subir, pour ne plus les détourner et les pervertir comme nous le faisons aujourd'hui.

Le système éducatif doit nous inculquer des valeurs et des connaissances adaptées au monde dans lequel on vit. Sinon comment les jeunes peuvent-ils devenir des adultes stables et responsables professionnellement si les clés qu'on leur fournit ne permettent plus d'ouvrir les portes de demain ?

En entreprise et dans le monde professionnel de manière générale notre génération est perçue comme indécise, immature. Génération pour laquelle les recruteurs et les managers ont du mal à accorder leur confiance. « Trop jeune, pas assez d'expérience », des phrases qui résonnent dans les esprits de la jeunesse moderne pourtant pleine d'ambitions et d'idées novatrices. Les jeunes sont remplis de ressources et d'énergie à condition qu'on les responsabilisent, qu'on leur fasse confiance et qu'on les estime à leur juste valeur.

Aujourd'hui, les possibilités d'évolution au sein d'une même entreprise se réduisent de manière considérable. Pour cette raison la nouvelle génération ne cherche plus forcément la stabilité mais bel et bien la progression, le changement. Alors qu'il y a quelques années on pouvait espérer faire l'intégralité de sa carrière dans la même société en évoluant au fil du temps, désormais la réalité est tout autre. Les comportements évoluent parce que le monde a lui-même radicalement changé.

Les nouvelles technologies ont soigneusement divisé la société en deux. D'un côté les adeptes d'Internet et de l'autre les fidèles aux procédés plus traditionnels. Cette faille entre les deux générations nous plonge dans un sentiment d'incompréhension mutuel. Nous développons une difficulté extrême à communiquer ensemble et à avancer main dans la main.

Nous n'avons certes plus les mêmes méthodes qu'avant, mais nous ne sommes pas pour autant devenus incompétents. Seulement la différence dérange, elle effraie et c'est cela qui rend les employeurs méfiants et les jeunes adultes d'aujourd'hui frustrés.

Pourtant chaque génération peut apporter sa pierre à l'édifice et c'est justement dans ce mélange d'idées que l'on parviendra à bâtir les meilleurs projets.

La frilosité des employeurs et la complexité d'insertion dans le monde professionnel pousse de plus en plus de jeunes à aller voir ailleurs. Avec la mondialisation nous pouvons communiquer en temps réel dans le globe entier. Le monde est à nos portes. La société casse les frontières. Cette ouverture internationale a décuplé le goût du voyage et de la découverte. Désormais nous avons soif d'exploration et de conquête.

De plus en plus de jeunes ont le syndrome de la « bougeotte ». Ils ont grandi dans un pays mais ils ne parviennent pas à y construire leur vie, alors ils divaguent à travers le monde à la recherche de l'endroit où ils se sentent bien, où ils se voient vivre. Les voyages nous insufflent un sentiment de liberté intense. Ils nous donnent l'irrésistible impression d'échapper aux contraintes et nous permettent de nous évader et de fuir un quotidien qui nous pèse. Grâce à eux on se sent vivant, on donne de l'importance et du sens à notre existence.

Toutes ces questions ne se posaient pas avant. Nos grands-parents et nos parents n'ont pas connu cette possibilité de choisir. Ils vivaient dans un pays et ils y restaient. Les plus chanceux partaient parfois en vacances, mais à la fin du voyage chacun rentraient chez lui. Ils n'avaient pas cet esprit de comparaison, ils ne ressentaient pas ce besoin de vivre toujours plus d'expériences.

C'est dans ce tournant et dans cette multiplication des possibilités, qu'est née la grande complexité de notre société actuelle. Nos générations cohabitent, vivent ensemble, travaillent et évoluent ensemble mais elles n'ont pas les mêmes aspirations, les mêmes objectifs ou les mêmes rêves. Nous partageons le même monde mais nous sommes régis par des envies et des codes rigoureusement opposés. Le manque de compréhension entre les deux générations se fait de plus en plus ressentir et complique intensément nos rapports.

Dans cette nouvelle société, nous éprouvons une difficulté immense à nous satisfaire de ce que l'on a. Et pour cause, avec l'arrivée d'Internet tout est maintenant possible et accessible en un clic. Néanmoins nous manquerons toujours de temps ou d'argent pour mener à bien l'intégralité de nos envies. Cet accroissement des possibles nous contraint donc obligatoirement à faire des choix. Nous aurons alors tendance à emprunter des routes déjà utilisées par d'autres pour ne pas prendre de risque, pour ne pas nous perdre et pour répondre correctement aux normes. Seulement, suivre un chemin pour se soumettre aux exigences de notre entourage ou pour ne pas sortir de ce que l'on juge aujourd'hui « normal » nous entrainera inévitablement vers un chemin qui ne nous était pas destiné.

Nous avons la chance et la possibilité de bâtir nos propres routes à condition d'y croire et de se laisser l'opportunité d'essayer. Pour cette raison nous devons plus que jamais nous reconnecter avec nous-mêmes. Apprendre à nous écouter, à donner de l'importance à nos propres désirs en s'éloignant de l'opinion d'autrui.

Ce n'est pas le monde qui va mal. C'est l'Homme ; Parce qu'il ne parvient pas totalement à adapter son comportement à la société qui évolue constamment.

En tournant les pages de ce livre nous développerons une vision de la vie qui nous permettra de nous épanouir malgré l'instabilité et le renouveau constant de notre environnement actuel.

Chapitre 2 : DÉCONNEXION

Notre siècle est celui de la sphère digitale, de l'ère numérique. On dit d'ailleurs de notre société qu'elle est hyper connectée. Pourtant, paradoxalement, nous n'avons jamais été aussi déconnectés et éloignés du monde réel et de nous-mêmes que jusqu'à aujourd'hui. Si Internet, les portables ou les ordinateurs venaient à disparaitre, nous serions tous complètement perdus.

Le point positif c'est que nous avons su accueillir ces nouvelles technologies rapidement et nous y adapter de manière presque instinctive. Cependant l'addiction que l'on a développée pour celles-ci est quant à elle assez dangereuse et nuisible.

Pour comprendre l'ampleur de la situation, posons-nous une question simple. Est-ce que nous serions capable de vivre sans connexion Internet et sans nos téléphones pendant ne serait-ce que 24h ? Pour la plupart d'entre nous la réponse est non. Que ce soit pour des raisons personnelles ou professionnelles nous ressentons tous le besoin d'être connectés.

Nous questionnons Google pour une recette de cuisine, pour regarder un film, pour chercher une définition ou la biographie d'un acteur. Nous utilisons YouTube pour écouter de la musique et visionner des vidéos. Nous envoyons des milliers de SMS et d'emails pour garder le contact avec nos proches. Mais nous avons bien trop souvent tendance à oublier qu'avant l'apparition de ces technologies il y avait tout de même une vie.

Une grande majorité d'entre nous ne se rendent même pas compte qu'ils sont accrocs. Ils pensent que le terme « addiction » est une véritable exagération. Eux ils estiment seulement « vivre avec leur temps ».

Ici, l'idée n'est absolument pas de blâmer toutes ces nouvelles technologies, bien au contraire. L'objectif est de parvenir à s'en détacher quelques instants pour en retrouver une utilisation plus seine.

Comme nous l'avons vu juste avant, les réseaux sociaux sont devenus des lieux où l'on se montre, où l'on se met en scène. Ce partage de photos et de vidéos peut très vite devenir envahissant dans la vie réelle.

Lors d'un voyage par exemple, on prend parfois plus de temps à prendre en photo un lieu qu'à profiter réellement de l'instant de présent.

Il en est de même dans les salles de concerts. En observant la foule on peut également voir que des milliers de téléphones la surplombent. Nous avons acheté un billet pour voir un artiste de nos propres yeux et nous passons finalement davantage de temps à le filmer qu'à véritablement apprécier son spectacle.

La société d'aujourd'hui pense malheureusement plus aux souvenirs matériels qu'elle va garder et aux images qu'elle va montrer qu'à vivre pleinement le moment présent.

En réalité, les souvenirs les plus authentiques que l'on peut se créer sont dans nos têtes et dans nos cœurs, pas sur nos écrans. On se lance dans une course effrénée à qui aura vécu ou vu le plus de choses intéressantes. Nous laissons notre âme se faire allègrement manipuler par ce que l'on voit sur la toile d'Internet. On se compare, on jalouse, on se moque, et cela en permanence, parfois même, sans nous en rendre compte.

Auparavant nos relations avec les autres se mettaient en pause à la fin d'une journée d'école, de fac ou de travail. Désormais elles nous suivent partout. Nous ne sommes plus jamais seuls. Nous n'avons plus le temps de réfléchir à nous, à nos actions, à nos erreurs ni à nos envies. Autrement dit, les moments de lâché prise et de réflexion n'existent plus.

Si nos habitudes et notre mode de vie ont changé, les besoins de notre corps humain, eux, restent les mêmes. Nous devons apprendre à nous créer nous-mêmes des instants de pauses avec le monde virtuel : se fixer des tranches horaires, voir même des journées entières où l'on se force à se déconnecter de tous les réseaux et des écrans de manière générale.

On arrête de scroller indéfiniment son fil d'actualité Facebook ou Instagram. On arrête d'envoyer des centaines de messages à une personne que l'on a vue dans la journée et que l'on reverra sans doute très prochainement. On arrête de nourrir notre esprit d'innombrables vidéos. On coupe les jeux en ligne et les consoles. Puis on sort, dans le monde réel, on profite, on apprécie simplement l'environnement qui nous entoure.

C'est ainsi que l'on parvient petit à petit à retrouver le vrai goût des choses. On se rend compte que les gens autour de nous n'ont pas tous une vie parfaite et lisse comme on peut le voir sur Internet. C'est la seule manière que l'on a d'apprécier notre vie pour ce qu'elle est et non pour ce que l'on voudrait qu'elle soit.

Pour que la déconnexion soit efficace et qu'elle nous apporte le plus de sérénité possible, il est nécessaire de couper tous les écrans. Si l'on se contente de ne pas utiliser nos réseaux sociaux et que l'on s'installe dans notre canapé pour regarder un film on ne déconnecte pas vraiment. Nous devons comprendre que toutes ces nouvelles technologies agissent comme des barrières entre notre corps et notre esprit. Pour nous épanouir véritablement et retrouver notre place au sein de la société nous avons besoin de nous éloigner totalement du monde virtuel. Pas de manière définitive évidemment. Il ne s'agit pas d'aller vivre dans une grotte coupée du monde mais seulement de s'accorder des moments loin de toute cette pression virtuelle.

Pour cela nous pouvons faire du sport ou bien sortir marcher en forêt, en campagne ou en bord de mer pour les plus chanceux. La cuisine, la peinture, la lecture ou même l'écriture peuvent également servir d'exutoire. Parfois il est même nécessaire de ne rien faire du tout. Nous n'avons plus l'habitude de nous ennuyer car aujourd'hui nous avons tout, à portée de mains. Pourtant notre esprit a parfois besoin de repos, d'un repos éveillé, qu'il pourra utiliser à penser, à réfléchir et à analyser.

Lorsque l'on parvient à s'émanciper de cette connexion virtuelle constante on se reconnecte avec la vie réelle. On reprend le contrôle de notre corps et on parvient à discerner nos besoins et nos envies. Nous pouvons ainsi voir plus clairement quels sont nos objectifs, quelles sont nos motivations, nos éventuelles peurs, nos faiblesses et nos réussites. En d'autres termes on apprend à s'écouter puis finalement à se connaître.

Chapitre 3 : LA PEUR DES ÉMOTIONS

La peur des émotions peut également être traduite par la peur de ce que les autres vont penser de nous. A l'ère du digital, du partage et de la communication, le jugement d'autrui sur nos actes et sur nos choix effraie.

Les réseaux sociaux ont évidemment leur part de responsabilité dans tout ça. Comme nous l'avons déjà mentionné précédemment, lorsque l'on poste quelque chose sur ces plateformes on se met en scène, on joue souvent un rôle. Pour quelles raisons faisons-nous tout ça ?

Pour que le regard de ceux qui nous entourent soit positif. Pour prouver que l'on a une vie palpitante, des idées intelligentes ou un physique attirant. Nous sommes constamment en recherche d'intérêt et d'approbation pour avancer, pour se sentir exister. Seulement ce besoin de reconnaissance crée un véritable fossé entre la personne que nous sommes vraiment et celle que nous sommes en société.

La peur du rejet, du ridicule, de la moquerie et du jugement nous plonge bien souvent dans une dépendance émotionnelle assez malsaine.

Si les réseaux sociaux ont accentué ce phénomène, les origines, quant à elles, sont toutes autres. Depuis tout petit nous vivons dans un système qui oppose le bien du mal et le juste du faux. Je m'explique. Dans notre famille lorsque nous faisions une bêtise nous étions punis et lorsque nous nous comportions bien nous étions récompensés ou au moins félicités. À l'école, lorsque nous réussissions un contrôle nous avions une bonne note et inversement.

Quand l'enseignant sollicitait un élève pour répondre à une question ou pour faire un exercice et que celui-ci se trouvait dans l'incapacité de répondre, on provoquait chez lui une frustration et une peur de décevoir. Vous allez me dire qu'il est difficile d'agir autrement, et sur le principe vous avez raison. Nous sommes bien obligés de mettre en place des règles et de définir ce qui est acceptable et ce qui ne l'est pas, sinon ce serait l'anarchie.

En revanche, ce qui n'est pas nécessaire, c'est de comparer un enfant à un autre ou de les classer du meilleur au moins bon. Les notes peuvent permettre aux enseignants de visualiser les besoins, les points forts et les lacunes de chacun mais à quoi bon les soumettre aux enfants ? Eux derrière cette notation, ils voient seulement qu'ils ont fait mieux ou moins bien que le voisin. Les enfants sont joueurs, c'est bien connu et on leur donne ici l'opportunité de faire une course ; une course aux meilleures notes, aux meilleures réponses ou aux meilleurs comportements. C'est ainsi qu'on les conditionne à se comparer, à se dévaloriser, à se moquer ou à jalouser ceux qui les entourent.

C'est d'ailleurs dans la cour de récréation que commencent à naitre les jugements. Vous avez rougi lorsque l'enseignant vous a interrogé ? Vous êtes nul. Et pour peu que ces moqueries vous fassent pleurer, vous êtes faible. À cet âge on ne se rend pas compte de l'impact de ses paroles ou de ses gestes. Pourtant, c'est bel et bien là que tout commence.

Par la suite, les enfants grandissent, ils deviennent adolescents, puis adultes mais ils ne perdent jamais de vue ce système dans lequel ils ont évolué. Ils sont sans cesse en recherche de soutien, d'approbation, ils font naître ce besoin toujours plus grand d'être valorisé.

Notre âme d'enfant nous a appris que lorsqu'on exprimait nos émotions on prenait le risque de se soumettre au jugement de ceux qui nous entourent. Et pour cause, dans l'esprit d'une majorité d'entre nous, exprimer sa tristesse ou sa peur c'est être faible, exprimer sa colère c'est être méchant. Pour éviter d'être jugés ou rangés dans ces cases nous préférons donc taire notre ressenti et enfouir notre sensibilité.

D'ailleurs le monde dans lequel nous vivons aujourd'hui est plus que propice à cette dissimulation. Il est rare que l'on se retrouve seul, seul face à soi-même, sans un bruit. L'agitation est partout, dans la rue, au travail et même chez nous. Surtout chez nous. Dès que l'on rentre à la maison et que nous n'avons rien de prévu, on se tourne instinctivement vers notre télévision, notre ordinateur ou bien notre téléphone. Qui rentre chez lui et s'allonge sur son canapé sans un bruit, pour réfléchir, pour s'écouter, pour penser à la journée qu'il vient de passer ?

Le silence fait peur, il nous angoisse et pour cette raison nous passons notre temps à essayer de le combler par tous les moyens possibles. Les moments de calme et de paix nous mettent en contact direct avec nos émotions, parfois même avec nos démons et cela nous effraie. Nous cherchons alors une occupation à tout prix, dans le but de ne pas être confrontés à ce qui habite à l'intérieur de notre esprit et de notre être.

Dans cette société moderne régie par l'art de la communication, faire du bruit c'est exister, rester silencieux c'est être ennuyant.

Lors d'un rendez-vous par exemple il arrive parfois que la conversation se coupe. C'est ce que nous appelons communément des « blancs ». À ce moment-là, nous nous sentons tous mal à l'aise. S'il n'y en a qu'un il est facile de le combler mais s'il y en plusieurs, nous aurons tendance à penser que la personne en face de nous est vide, lassante et qu'elle n'a rien à raconter. Pourtant ces instants de silence sont des moyens précieux pour se connecter avec cette personne en utilisant d'autres sens ; Celui de la vue notamment ou bien du toucher (bien que celui-ci reste plus intime).

Le silence est rare mais bel et bien nécessaire. C'est un concept qui nous permet de nous reconnecter avec la société qui nous entoure mais surtout avec nous-mêmes, de nous poser les bonnes questions. Il ouvre des portes et des chemins infinis, bien plus vastes que ce que nous offre la parole.

Nos émotions, si elles ne sont pas correctement écoutées et comprises, altèrent incroyablement notre relation avec le monde réel. Avoir peur de ses émotions, c'est avoir peur de ce qui nous différencie et nous individualise.

Écouter nos sentiments intérieurs et les sensations qu'ils nous procurent c'est également se forger une identité qui nous correspond. C'est la meilleure manière de vivre en parfait accord avec nous même, avec ce qui nous fait du bien, et ce dont nous avons besoin.

Chapitre 4 : L'INTELLIGENCE ÉMOTIONNELLE

L'être humain est animé par deux formes d'intelligences bien distinctes. D'une part il y a les compétences et les connaissances intellectuelles, qui sont constituées par les notes que nous récoltons à l'école ou bien par les diplômes obtenus. C'est un savoir théorique que l'on pourrait aussi nommer le savoir-faire.

D'une autre part, il y a l'intelligence émotionnelle qui nous permet justement d'utiliser notre connaissance intellectuelle à bon escient. C'est ce que l'on appelle le savoir-être

Cette partie intellectuelle, ce savoir-faire, à lui seul, ne permet en aucun cas d'assurer la réussite d'un individu. Si celui-ci n'a pas parallèlement développé des aptitudes émotionnelles il restera avec un savoir théorique inexploitable.

D'ailleurs, si l'on privait l'Homme de toutes émotions et de toutes compétences humaines nous ne serions plus que de vulgaires machines. Des simples robots capables d'effectuer des tâches prédéfinies sans aucun discernement.

L'intelligence émotionnelle nous aide à affronter les épreuves de la vie, à analyser l'environnement qui nous entoure et à saisir les opportunités qui nous sont offertes. Elle nous rend humainement intelligent, avec nous-même et avec les autres.

Par exemple, prenons le cas de deux personnes qui postulent à un emploi avec un CV identique. Elles ont toutes les deux le même savoir intellectuel, mais elles n'auront jamais des compétences émotionnelles identiques. C'est ainsi qu'elles parviennent à se différencier, à se mettre en avant et à se vendre.

Pour affronter les défis du monde moderne, nous devons plus que jamais nous reconnecter avec nous-mêmes puis avec les autres. Devenir intelligent émotionnellement est un travail de longue haleine mais qui est accessible à tout le monde. Peu importe le niveau d'étude, peu importe le milieu social, nous sommes tous capables de devenir véritablement humain.

La première étape de ce savoir-être est constituée par l'identification et la compréhension des émotions qui nous habitent. Ici, il ne suffit donc pas de se sentir bien ou mal, car cela n'est qu'un état. Nous devons chercher à comprendre ce qui est à l'origine de ce sentiment positif ou négatif. Nous ne pouvons pas comprendre la cause de notre ressenti et nous ne pouvons pas avoir la main dessus si l'on ne parvient pas à identifier la réelle émotion qui est impliquée.

La joie, l'euphorie, la fierté, la sérénité, l'amour ou l'espoir par exemple sont des émotions responsables de notre bien-être. À l'inverse un sentiment de mal-être peut être causé par de la tristesse, de la peur, de la colère, de la honte ou encore de la déception.

Si l'on veut parvenir à gérer et réguler nos émotions nous devons impérativement mettre le bon mot dessus et arrêter d'opposer seulement bien-être avec mal-être.

Nous avons bien trop souvent pris l'habitude de refouler ce que l'on ressentait, par peur d'être jugés ou d'être marginalisés. Mais contrairement à ce que beaucoup pourraient penser, la sensibilité n'est en aucun cas une forme de faiblesse, bien au contraire, elle permet de s'adapter aux besoins internes de notre corps et de mieux comprendre ceux d'autrui.

Toutes nos émotions ont leur place dans notre vie. Certaines nécessitent d'être extériorisées, d'autres doivent être atténuées, mais toutes doivent être écoutées.

Lors d'un deuil par exemple, il est nécessaire de nous offrir la possibilité de pleurer, sans avoir peur d'être jugé faible. Les larmes, lourdes et chaudes qui coulent sur nos joues nous permettent d'extérioriser la tristesse, la douleur, et le manque qui nous étouffe. Il n'y a rien de plus sain.

De manière plus générale, nous devons toujours extérioriser les sentiments qui se logent en nous et nous hantent. Au moment même où nous ressentons une émotion, il est impératif de la faire sortir, de lui laisser de la place et de la faire vivre pour s'en libérer. En revanche nous ne devons pas la laisser nous habiter éternellement, sinon nous en devenons complètement prisonniers.

Il est important de comprendre que ce que l'on ressent n'est pas directement dû à la situation que l'on vit mais à la vision que l'on s'en fait. Une même situation vécue par deux êtres humains différents ne sera jamais perçue de la même manière. La lecture et la compréhension d'une situation est propre à chacun. Personne ne surmonte les épreuves de la vie de manière identique.

Prenons un exemple simple ; celui d'un film d'horreur dans une salle de cinéma. Le public regarde un film similaire, les scènes, la musique et les répliques sont identiques. Pourtant tous ne réagiront pas de la même façon. Certains ne ressentiront aucune peur alors que d'autres seront terrorisés.

C'est la perception que l'on a sur les épreuves de la vie qui est à l'origine de nos émotions, pas l'inverse. Si nous réussissons à comprendre cela, nous parvenons également à intégrer qu'il suffit de modifier notre perception des choses pour ne plus se laisser dépasser par nos sentiments.

Lorsque l'on ressent de la tristesse après une rupture c'est parce que notre cerveau estime que l'on a perdu quelqu'un d'essentiel à notre vie. Notre perception nous dit que notre existence n'aura plus la même saveur et qu'il y aura un réel vide au fond de nous. Mais si on parvient à transformer cette vision de manque en une vision de liberté, en un moyen de se retrouver, de réapprendre à vivre seul, pour nos propres envies et nos propres désirs, la tristesse devient alors une source de motivation pour avancer et se relever.

Il en est de même pour la peur. Nous ressentons de la crainte et de la panique parce que notre esprit estime qu'il y a un danger. Mais si l'on essaie de dépasser notre angoisse en se fixant un challenge, notre peur se transforme en un simple défi personnel.

Toutes nos émotions sont maitrisables et si nous les utilisons intelligemment, elles peuvent même nous aider à avancer bien plus sereinement.

D'autre part, l'intelligence émotionnelle joue un rôle capital dans notre rapport aux autres. Dès l'instant où nous devenons lucides sur nos propres émotions on se rapproche d'autrui bien plus facilement. Lire en soi comme dans un livre ouvert relève d'une extrême difficulté. Une fois le travail effectué nous avons une vision bien plus objective du monde qui nous entoure et des besoins qu'ont les personnes autour de nous. Cette compréhension de l'autre peut nous servir dans de nombreux domaines ; dans la sphère personnelle par exemple mais également dans le secteur professionnel.

Nous avons tous envie de pouvoir venir en aide à nos proches ou à nos amis. Nous souhaitons tous être acceptés et compris par la société qui nous entoure, d'inspirer la confiance et la force.

En entreprise, l'intelligence émotionnelle ouvre également des portes. Elle permet de répondre correctement aux attentes de nos collègues mais également de pouvoir gérer des situations parfois conflictuelles en toute objectivité et impartialité.

Pour cela nous devons apprendre à nous mettre à la place de l'autre, à se connecter avec lui. Développer non seulement de la sympathie, de la bienveillance mais surtout de l'empathie pour autrui. Ces trois qualités permettent de construire des relations stables avec ceux qui nous entourent en se basant avant tout sur la confiance et la compréhension.

Pour cela, nous devons premièrement apprendre à écouter ; une écoute attentive qui a pour seul objectif de libérer la personne qui se trouve en face de nous. Ici, nous ne cherchons en aucun cas à donner des conseils ou à influencer une décision, nous sommes seulement attentifs aux émotions de l'autre. Cette première phase demande une certaine distance car nous ne devons en aucun cas donner notre avis personnel. L'objectif étant de recueillir les sentiments les plus sincères de l'autre.

Dans un second temps, c'est la compréhension qui va jouer son rôle. Nous ne devons émettre aucun jugement nous devons seulement parvenir à comprendre le raisonnement et le ressenti de la personne. Ici, il est possible d'apporter des conseils mais ne jamais dicter la conduite à adopter. Il faut donc accepter que l'autre décide de suivre ou non nos conseils.

Cependant, nous devons garder en tête qu'il est primordial de mettre une certaine barrière entre notre esprit et ce que ressentent les autres. L'intelligence émotionnelle doit nous pousser à écouter autrui, à le comprendre, à se mettre à sa place mais en aucun cas nous devons nous infliger sa douleur, sa tristesse ou sa colère. Et pour cause, nous avons déjà bien assez de travail avec nos propres émotions, n'est-ce pas ?

Chapitre 5 : LA CONNAISSANCE DE SOI

Apprendre à se connaître c'est parvenir à prendre du recul sur sa propre vie, sur ses expériences et sur ses envies. C'est un travail difficile car cela nécessite d'avoir un regard objectif et critique sur ses propres actes. Pourtant cette étape est un passage obligatoire pour avancer positivement dans notre société d'aujourd'hui.

Nous ne pouvons pas comprendre notre environnement et nous ne pouvons pas nous y adapter non plus si l'on ne parvient pas à se connaître soi-même. D'ailleurs Saint Augustin disait très justement « Au lieu d'aller dehors, rentre en toi-même : c'est au cœur de l'homme qu'habite la vérité. » Il est vrai que nous passons bien trop de temps à analyser ceux qui nous entoure sans jamais chercher de réponse sur notre propre personne.

L'objectif premier qui constitue la connaissance de soi, c'est de parvenir à analyser notre personnalité avec le regard le plus objectif et extérieur possible.

Quels sont nos qualités et nos défauts, quels sont nos vices, nos maux, nos failles ou nos faiblesses, mais surtout quelles en sont les origines ?

Notre corps et notre esprit recèlent un millier de secrets sur nous-mêmes dont nous ne sommes pas totalement conscients. Nous avons appris à vivre avec sans jamais vraiment les considérer ou les expérimenter.

Souvent, lors d'une prise de décision plus ou moins délicate, nous agissons d'une manière plutôt qu'une autre parce que notre corps est soumis à une pression dû à notre « nous intérieur ». Nos expériences passées ou nos envies futures nous guident dans nos choix sans que nous en ayons réellement conscience.

Prenons du temps pour nous. Démarrer une introspection sur sa propre vie peut effrayer, mais cela finit par apporter la clairvoyance et la sérénité dont nous avons tous besoin.

Le début de cette introspection commence par la lecture et la compréhension de notre vécu. Nos qualités, nos défauts et notre tempérament d'aujourd'hui trouvent souvent leurs origines dans nos expériences passées. Pour les comprendre, il suffit de passer notre enfance au peigne fin en se posant les bonnes questions. Quelles étapes de notre vie nous ont véritablement blessés, bouleversés et affaiblis ? Quelles situations nous ont mises en difficultés et quels sentiments celles-ci ont-elles générés ?

Répondre à ces questions permet de comprendre les traumatismes que nous avons vécus et comment ils ont influencé notre comportement. Tout au long de notre vie, nous nous transformons pour pallier aux difficultés que nous subissons. Il est évident que tout ce que l'on a pu traverser a un impact direct sur notre manière de réagir dans l'instant présent. Par exemple, les relations que l'on entretenait avec nos parents, la place que l'on occupait dans notre famille, nos ruptures, qu'elles soient amicales ou amoureuses ou encore les éventuels deuils ; toutes ces épreuves nous ont forgés, elles ont également modifié notre perception des choses et notre façon d'agir. L'être humain modifie son caractère pour s'adapter aux épreuves que l'on met sur son chemin, il se blinde pour se protéger.

Pourtant agir et décider en se basant sur nos expériences passées nous bloque et nous empêche d'adopter le bon comportement. Nous avons tendance à comparer ce qui nous arrive avec ce que l'on a vécu. On pense que si une situation nous a atteint dans le passé elle nous touchera de la même manière aujourd'hui. Seulement aucune expérience n'est semblable à une autre. Il est inutile de fuir une situation parce qu'elle nous a peinée auparavant. Au contraire, il faut parfois l'affronter de nouveau pour se rendre compte que l'on a évolué, grandi et muri et que ce qui nous faisait mal hier ne nous fait plus forcément mal aujourd'hui.

Si l'on ne cherche pas à comprendre ce qui nous a heurté on prend le risque de répéter perpétuellement le même schéma, se priver, se brider et c'est ainsi que l'on commence à faire des erreurs. Chaque personne doit pouvoir aller au-delà de quelque chose qui l'a détruit, pour apprendre à se connaître et à croire en lui. Ne laissons pas notre passé nous guider et influencer nos actions et nos prises de décisions.

Échouer professionnellement ou se faire du mal dans une relation amoureuse par exemple, n'est pas quelque chose de récurrent. Nous ne sommes pas voués à revivre les mêmes expériences toutes notre vie. Pour prendre conscience de cela, il n'y a qu'une seule méthode : réessayer.

Pour ne plus laisser le passé prendre autant de place, il suffit de déterminer ce à quoi nous aspirons le plus en se demandant : Quels sont nos objectifs, nos désirs ou même nos rêves ? Ensuite il s'agit de définir quels chemins nous devrons emprunter pour atteindre ce que l'on s'était fixé. Peu importe les embûches qui peuvent se trouver sur cette route, si nous l'avons décidé nous pouvons les surmonter. Il est important de ne jamais perdre cela de vue, ne jamais abandonner par peur d'échouer ou par peur de souffrir de nouveau.

Notre passé nous offre beaucoup de réponses sur nous-même. Notre futur créait nos ambitions, il nous permet de définir nos buts et nos envies. Néanmoins l'action, la réalisation et les initiatives se trouvent uniquement ici, maintenant. Le présent n'attend pas.

Avec une connaissance et une conscience de soi aguerrie, nous devenons bien plus efficaces et pertinents lors de nos prises de décisions. Lorsque le passé ne dicte plus la conduite à adopter nous pouvons alors agir de manière juste et impartiale. Nous cessons de nous brider par peur de revivre le même échec. En d'autres termes nous devenons libres d'avancer comme nous l'avons décidé.

Chapitre 6 : TRAVAIL ET AMÉLIORATION

Il est difficile de prendre conscience de ses propres défauts. Pourtant, nous en avons tous, et nous le savons. Certains sont handicapants pour nous-mêmes, d'autres le sont pour ceux qui nous entourent.

S'il est assez facile d'identifier les vices et les failles de notre entourage, avoir un œil critique sur notre propre personne reste cependant plus compliqué. Toutefois, parvenir à reconnaître nos imperfections n'est autre que la première étape vers notre amélioration personnelle. Apprenons tout d'abord à être indulgent avec nous même, avoir des défauts n'est pas une tare. Ce n'est pas le fait d'avoir des défauts qui est dangereux, ce qu'il l'est c'est de ne pas les reconnaitre et de les laisser influencer notre comportement. Dès l'instant où nous prenons conscience de leur existence nous pouvons agir dessus et parfois même les transformer en force.

Lorsque l'on décide de travailler sur nous-même, la première chose à faire est de ne jamais chercher à devenir parfait. Sinon on se lance d'office dans un combat impossible à mener. Tous nos défauts ne sont pas bons à jeter à la poubelle. Il faut parvenir à définir ceux qui sont réellement nocifs et malsains pour nous et pour les autres et ceux qui constituent seulement notre personnalité et notre différence. Certains traits de caractère qui paraissent pourtant négatifs cachent en réalité une véritable valeur. D'autres, en revanche, peuvent réellement blesser.

Par exemple, une personne extrêmement possessive est en réalité à la fois jalouse et impulsive. La jalousie, si elle n'est pas associée à de l'agressivité, de la brutalité ou de l'intolérance n'est autre qu'un simple trait de la personnalité. Elle n'est en aucun cas dangereuse. Dans ce cas, il ne s'agit donc pas de traiter la jalousie mais bel et bien l'impulsivité.

De la même manière, quelqu'un de narcissique est à la fois ambitieux et sûr de lui mais également excessif et arrogant. Dans ce cas il est évident qu'on ne doit pas agir sur l'ambition ou la confiance en soi mais plutôt sur le besoin constant d'être admiré ou d'être supérieur aux autres.

Le fossé peut parfois paraître mince entre ce qui est tolérable et ce qui est malsain et destructeur. Il faut du temps, de l'analyse et de l'objectivité pour parvenir à faire le tri sur ce qui nécessite véritablement un travail.

Nous pouvons, pour cela, nous tourner vers les autres, et leur demander objectivement ce qu'ils pensent de nous et de nos mauvais côtés. Mais bien souvent, nous les mettrons dans un embarras tel qu'ils n'oseront pas nous répondre pleinement et sincèrement. Néanmoins, leurs réponses, même si elles ne sont pas complètes, peuvent tout de même constituer un début de réponse. Ensuite nous devons nous confronter pour parvenir à faire ce travail seul, avec nous-même. Pour cela, il faut retourner en arrière, se baser sur des évènements marquants, des éventuelles disputes ou des altercations. Comment avons-nous réagi et qu'avons-nous ressenti ? Qu'est ce qui a provoqué ce sentiment intérieur ? Quels reproches reviennent le plus souvent dans la bouche de nos proches ? Toutes ces réponses vont nous permettre, en général, de dégager des émotions communes, ou des réactions devenues presque habituelles.

La première étape du changement réside dans la reconnaissance de nos erreurs. Dès lors que nous avons compris qu'elles étaient nos plus grosses failles il ne faut pas nous blâmer, ni même tenter de les masquer, il faut seulement les admettre et les avouer pour s'en libérer. Faire une erreur n'est pas grave en soit, au contraire, si l'on parvient à en tirer une leçon, c'est même une chance, une chance d'avancer et de devenir meilleur. En revanche, si l'on tente de dissimuler nos fautes ou de les imputer aux autres, nous augmentons le risque de les répéter encore et encore. Il n'y a rien de plus courageux que quelqu'un qui sait reconnaître ses torts et ses erreurs.

Apprendre à admettre nos faux-pas et rayer notre propre fierté nous ouvre des portes vers un lendemain bien plus serein, en accord avec notre conscience et notre esprit. C'est en prenant l'habitude de reconnaître ses erreurs, que l'on parvient à repousser la peur de l'échec, la peur de décevoir ou de se tromper. On s'offre alors un avenir bien plus sage, paisible et solide, porteur d'innombrables possibilités.

Cette amélioration et cette élévation de notre être ne se font évidemment pas en un jour mais dès lors que nous en avons la volonté, le travail devient bien plus simple.

Il est impératif de se fixer des objectifs et de travailler dessus en permanence pour atteindre la finalité recherchée. Gommer un défaut demande beaucoup d'énergie, il faut prendre sur soi, faire des efforts et surtout le faire chaque jour, sans relâche. Puis, petit à petit l'effort sera de moins en moins pénible, jusqu'à devenir une simple habitude complètement ancrée en nous.

Il faut être patient. Ne soyons pas seulement addict à l'accomplissement mais également au progrès. Il n'y a pas que la finalité qui importe, le chemin parcouru est tout aussi important et admirable. Le principal c'est d'évoluer et d'avancer.

Nous ne devons jamais avoir l'impression d'être la même personne qu'il y a un an, quatre mois ou même une semaine.

Chapitre 7 : CONFIANCE ET ESTIME DE SOI

La confiance en soi et l'estime personnelle sont sans aucun doute les qualités les plus importantes que nous devons apprendre à développer. Elles constituent, presque à elles seules, les clés de la réussite et du bonheur. Pour trouver sa place dans notre société moderne, il est primordial de réussir à faire de notre corps et de notre esprit nos meilleurs alliés et cela à toutes épreuves.

Notre corps nous permet de bouger, de marcher, de courir et plus généralement d'avancer et de réaliser toutes les tâches de notre quotidien. Notre esprit quant à lui est responsable de nos idées, de nos envies, de notre ambition, il construit nos rêves et nos objectifs.

Si nous n'avons pas confiance en nous, si on ne s'estime pas un minimum on devient petit à petit notre propre ennemi. En dénigrant notre physique et en rabaissant nos pensées et nos idées on discrédite notre propre réussite, on se met sans cesse des barrières sur notre chemin personnel.

Nous vivons aujourd'hui dans une société où l'humanité ne fait plus confiance, elle doute en permanence des autres et de leur bonne foi. Des « adversaires » nous en avons donc bien assez autour de nous.

Souvent nous avons besoin de temps pour accorder notre confiance aux gens, parfois cela n'arrive même jamais. En amour par exemple, nous avons tous déjà laissé filer une personne parce qu'on estimait qu'elle n'était pas rassurante. Dans de nombreux cas, si nous n'avons pas su nous fier à cette personne, ce n'est pas parce que l'on doutait d'elle mais parce qu'on manquait en réalité d'assurance en nous-mêmes.

Nous ne pouvons pas attendre des autres qu'ils nous donnent leur confiance et nous estiment si nous ne sommes pas capables de le faire pour nous-même. Le reflet que l'on renvoie à autrui n'est autre que l'image que l'on a de notre propre personne. Lorsque l'on se fait confiance on envoie des signaux de force et de stabilité à ceux qui nous entoure.

Apprendre à s'estimer et à s'aimer n'est pas si difficile. Il suffit d'en avoir réellement envie. Contrairement à beaucoup d'autres concepts qui demandent un travail intérieur parfois long, se faire confiance et s'aimer tel que l'on est, avec ce que l'on a, ne demandent que de la volonté.

Comprenons que nous devons être fiers de notre parcours, de nos différences, de nos échecs et de nos peines autant que nous le sommes de nos victoires et de nos qualités. Qui ne vit aucune chute, qui ne fait aucune erreur restera vulnérable toute sa vie. Qui se surpasse, qui prend des risques échouera sûrement mais se relèvera toujours. Plus on échoue, plus on apprend et plus on avance. Nous ne devons jamais perdre la foi en nous même à cause d'un échec, au contraire, nous devons le transformer en une leçon qui nous rendra meilleur et en être intensément fier. « J'ai échoué, et j'en suis fier parce que j'ai appris et maintenant je peux faire encore mieux », voilà ce qui devrait résonner dans nos têtes.

Bien souvent nos plus beaux accomplissements sont le résultat de nombreuses déceptions au préalable. Soyons donc fiers du résultat obtenu mais également du chemin parcouru. Plus le chemin a été long et plus la victoire est grande.

Cessons également de se comparer aux autres. Nous ne sommes pas les autres, et nous ne le serons jamais. Certains réussiront où nous avons échoué et inversement. Nous sommes qui nous sommes et nous devons en être satisfait ainsi. Le manque de confiance en soi apparait bien trop souvent parce qu'on estime que l'on ne fait pas aussi bien que ceux qui nous entourent. Mais l'évaluation est souvent faussée parce que nous ne sommes jamais aussi durs avec les autres que nous le sommes avec nous-mêmes. Nous avons tendance à nous concentrer sur les exploits et les victoires d'autrui en ne gardant que le positif, tandis que nous nous focaliserons beaucoup plus sur nos erreurs en omettant tout ce que nous avons nous-même réussi et accompli. Inversons donc la tendance. Apprenons à être satisfait de ce que l'on a et de qui nous sommes. Devenons bienveillants avec notre âme et elle nous le rendra au centuple.

La confiance et l'estime de soi apportent d'innombrables bienfaits à notre vie.

Dans ce monde moderne ultra connecté, nous avons bien souvent du mal à vivre seul. Nous avons besoin d'avoir quelqu'un à nos côtés pour nous soutenir et nous épauler, ce qui est en réalité assez malsain. Car le jour où cette personne en question s'éloigne de nous, nous perdons nos repères et nous nous sentons très vite seuls et vides.

Quand on se fait confiance et que l'on s'estime nous n'avons plus cette dépendance aux autres. Bien entendu, une compagnie est toujours agréable et acceptée mais elle n'est plus nécessaire ni vitale. Nous apprenons à nous suffire à nous-même, y compris dans les étapes les plus difficiles.

Combien de personnes ne supportent pas le célibat ? Combien de personnes demandent l'avis des autres avant de prendre une décision qui ne les concerne pourtant aucunement ? Combien de personnes ont renoncé à un projet qui leur tenait à cœur parce qu'elles ne se sentaient pas soutenues ?

Si l'on développe une foi intense en nous il n'est plus forcément nécessaire d'obtenir l'approbation ou le soutien constant des autres. Nous devenons bien plus autonomes lors de nos prises de décision car le regard d'autrui n'a plus autant d'importance ni d'impact sur nos choix. Seules nos envies personnelles et notre loyauté envers nos capacités nous guident. Nous parvenons à nous détacher du jugement de la société pour nous focaliser sur ce que l'on veut vraiment et ce qui nous fait du bien.

Automatiquement nous prendrons plus de risques, nous n'aurons plus peur de sortir de notre zone de confort pour aller saisir des opportunités. C'est ainsi que nous parvenons à prendre notre envol et à accomplir d'immenses projets.

À partir de maintenant, ce n'est plus la peur d'échouer qui doit nous guider mais celle de ne rien tenter.

Chapitre 8 : ACCEPTATION DU DESTIN

La notion d'acceptation et d'amour de la destinée vient de la locution latine « Amor Fati », introduite par le philosophe et poète Allemand, Nietzsche au 19ème siècle. Il concevait le bonheur comme une réconciliation avec nos malheurs. Ici, l'amour du destin n'est en aucun cas une forme de résignation face à nos maux mais bel et bien une acception de ceux-ci.

Nous devons apprendre à aimer le chaos, l'instabilité et les drames autant que nous apprécions nos moments de joie intense. Nous attendons bien trop souvent de la vie qu'elle nous offre la réussite et le bonheur sans comprendre que ces deux concepts c'est nous qui devons les construire. La première chose à faire lorsque l'on attend de la vie, de manière exigeante, qu'elle nous procure le meilleur, c'est de s'ouvrir à elle et d'apprendre à apprécier ce qu'elle nous donne en toutes circonstances.

Lorsqu'une série de drames ou de difficultés nous touchent nous crions tous à l'injustice. On a l'impression que le sort s'acharne contre nous et on attend impatiemment que « la roue tourne ». Mais la vie est justement là pour mettre des obstacles sur notre chemin, elle nous met à l'épreuve. En faisant cela elle nous offre la possibilité de choisir : on peut sombrer ou on peut se relever et se battre. Remercions-la de nous faire parfois tomber, car c'est cette chute qui nous accorde la chance d'évoluer, d'apprendre et de développer notre force et notre fougue.

Chaque épreuve et chaque difficulté que l'on rencontre est surmontable avec une bonne dose de volonté et de maturité. Nous devons être capables de trouver des aspects positifs même dans les souffrances les plus intenses. Nous sommes notre propre maître. Personne ne peut choisir d'avancer à notre place, personne ne peut développer notre détermination ni nous aider à devenir plus fort si nous ne l'avons pas nous-même décidé. Nous sommes également les seuls décisionnaires de notre vision des choses. Notre sentiment de mal-être on le construit nous-mêmes et on décide aussi de la place qu'il va occuper dans notre esprit et dans notre vie.

Un drame, un deuil, une rupture sont des épreuves qui font mal, il est normal et surtout humain de souffrir dans de pareilles circonstances. Comme nous l'avons vu précédemment il ne sert à rien de refouler notre douleur, nous devons l'extérioriser. En revanche nous ne devons en aucun cas la laisser nous affaiblir ou nous étouffer. Inutile de ruminer, de regretter ou de se morfondre pour quelque chose qui appartient désormais au passé. Cessons de nous torturer et de nous acharner à refaire l'histoire, car de toute manière ce n'est plus de notre ressort. Tout ce qui devait arriver finit par se produire et rien n'arrive par hasard.

Chaque épreuve, aussi douloureuse soit-elle, est là pour nous offrir une leçon sur nous-même ou sur les autres. Si nous choisissons de la subir, nous souffrons, si nous voyons en cela une manière de rebondir on parvient à s'endurcir et à avancer.

Lorsque l'on réussit à aimer profondément son destin on parvient également à voir du beau dans chaque épreuve et dans chaque étape de notre existence. Même dans le ciel noir il y a toujours une petite étoile qui brille. Ceci n'est qu'une métaphore mais c'est aussi le dessin de la vie. Quoi qu'il puisse nous arriver, il y a toujours quelque chose de bon et de beau autour de nous, quelque chose à quoi on peut se raccrocher. Mais pour le voir encore faut-il le vouloir.

Dès lors qu'une catastrophe nous touche, on se sent affaiblis et on se créait automatiquement un cercle infiniment sombre autour de nous. Nous allons mal alors le monde qui nous entoure doit lui aussi être synonyme de souffrance. On se place en position de victime car on estime que ce que l'on vit est injuste. Seulement cette vision noire de la vie nous enferme dans ce sentiment de mal être. On finit par oublier qu'autour de nous il y a des milliers de petits détails qui nous auraient fait sourire en temps normal. Alors que si l'on parvient à ouvrir son esprit, à chasser cette négativité on se rend compte que le bonheur est partout, même dans les choses les plus infimes. Il suffit de laisser ce petit morceau de positif nous envahir et prendre toute la place pour nous donner un second souffle et nous relever grandi.

Si l'on se penche sur la ligne de vie que dessine un électrocardiogramme par exemple, on se rend compte que celle-ci est semée de hauts et de bas. La ligne droite qui ne laisse entrevoir aucune chute, aucun relief, aucune montée, ni aucune redescente n'est autre que la représentation de la mort.

Nous sommes profondément heureux et nous pouvons ressentir ce plaisir et cette joie parce que paradoxalement parfois tout s'écroule. Il n'y aurait aucune notion de bonheur pur si l'on ne pouvait pas y opposer le chagrin ou la difficulté.

Nous devons accepter que la vie soit semée d'embuches, mais qu'elles ne seront aucunement fatales si l'on décide de lâcher prise, d'avancer, d'accepter, de s'élever et de murir.

Chapitre 9 : LE PARDON

Le pardon est sans aucun doute la forme de sagesse la plus pure et la plus brute que l'on puisse développer envers les autres ou envers nous-mêmes. Sans lui, il est impossible de mener une vie totalement sereine et heureuse. De manière métaphorique, réussir à pardonner reviendrait à mettre un pansement sur les plaies et les blessures du passé pour les soigner et ne plus les laisser nous faire souffrir.

Cependant, nous avons bien trop souvent peur d'accorder notre pardon. Peur d'être blessé à nouveau, peur d'être déçu, trahi, abandonné ou bien moqué. On pense à tort que l'on n'en est pas capable parce que la situation est trop grave. Certaines personnes estiment même que pardonner est un véritable aveu de faiblesse. Pourtant, le pardon n'est en aucun cas synonyme d'oubli, et encore moins de soumission, bien au contraire, c'est une forme de liberté très puissante.

Malgré l'extrême difficulté que l'on éprouve à l'accorder il constitue le moyen unique de cicatriser, de guérir, de s'apaiser puis finalement d'avancer.

Nous devons comprendre que lorsque l'on pardonne quelqu'un on ne l'excuse pas nécessairement. Parfois on doit pardonner avant tout pour nous, pour notre confort, notre bien-être et notre droit à la sérénité.

Si nous ne parvenons pas à accorder ce pardon on garde en nous de la rancœur, de la colère parfois même de la haine. Tous ces ressentiments finissent par développer une certaine envie de vengeance.

Notre comportement évolue et se modifie en fonction de ce qu'il y a à l'intérieur de notre cœur et de notre esprit. Si on laisse la rancœur et la rancune nous remplir de rage et d'animosité on devient petit à petit aigri, impulsif et agressif. On se transforme et on s'isole sans même nous en rendre compte.

Garder toutes ces émotions négatives au fond de nous, les laisser nous habiter et nous guider finit par nous punir nous-mêmes. On se réveille chaque jour avec une amertume incroyablement destructrice. On se demande pourquoi nous ? Qu'est-ce que l'on a fait pour mériter de tels actes ? Parfois on cherche même à faire souffrir cette personne autant qu'elle a pu nous blesser. On dépense donc une énergie inimaginable pour quelqu'un qui nous a trahi, menti ou agressé.

Comprenons finalement que la plus belle vengeance c'est de continuer à avancer sans jamais baisser la tête. Inutile de vouloir délibérément faire souffrir quelqu'un. Peu importe ce que cette personne nous a fait subir. Si on cherche à se venger on devient en quelque sorte aussi malsaine qu'elle. En se lançant dans une lutte acharnée à la vengeance on prend donc le risque de finir par ressembler à ce que l'on déteste le plus.

Nous allons ici nous pencher sur le cas des enfants battus par leurs parents pendant leur enfance. Cette maltraitance physique et morale sera à l'origine de deux types de comportements rigoureusement opposés.

Dans le premier cas de figure, l'enfant comprend en grandissant qu'il ne mérite pas les coups qu'il reçoit. Il ne se sent pas coupable et il sait que ce qu'il subit n'est pas normal. Il essaie rapidement de prendre son indépendance. Il décide de s'émanciper de sa famille et de vivre sa propre vie. Il n'excuse en aucun cas ce qu'il a vécu et il ne le tolère pas non plus. Il sait au fond de lui que c'était injuste, violent et malsain. Le comportement qu'ont eu ses parents envers lui l'attriste mais il sait qu'aujourd'hui il a la possibilité de construire la vie qu'il veut. Il a développé au fond de lui une véritable force qui lui permettra d'avancer avec ses propres codes moraux. Il prend donc le parti de ne pas haïr ses parents. Il se dit au fond de lui qu'il n'a pas choisi sa famille, mais qu'il n'en a qu'une, alors peu importe les actes, aussi abjectes soient-ils, il aimera toujours ses parents. Il met la distance qui lui semble nécessaire entre lui et sa famille mais il ne les renie pas et ne les déteste pas non plus. Il n'oubliera jamais le calvaire de son enfance mais il décide de ne plus en souffrir et même de le transformer en force. Ici il prend donc le parti de pardonner.

Ce même enfant en grandissant fera sûrement tout ce qui est en son pouvoir pour ne jamais faire subir le même sort à ses propres enfants, ni à quiconque d'autre. D'ailleurs il éprouvera très certainement un sentiment d'extrême dégoût lorsqu'il sera confronté à une scène de violence à la télévision ou dans la rue. Il bannira complètement l'agressivité et l'impulsivité dans ses faits et gestes. En pardonnant il se libère de ces actes qui l'ont déjà tant fait souffrir dans le passé.

À l'inverse, à situation égale, l'autre enfant en veut terriblement à sa famille. Il les déteste, les hait, la situation qu'il a vécue le répugne totalement. Il ne comprend pas comment les deux personnes qui l'ont mis au monde ont pu commettre de tels actes. A l'école, il compare son enfance à celles des autres et il se rend compte qu'il n'a pas eu autant de chance. Plusieurs questions le hantent chaque jour. Le problème vient-il de lui ? A-t-il mérité cette violence ? Ou est-ce que ses parents sont de véritables monstres ? Évidemment aucune de ces réponses ne parvient à l'apaiser. Il s'enferme dans une spirale de colère et d'incompréhension intense.

Il est incapable de pardonner, il n'arrive pas à tourner la page d'une enfance qui l'a littéralement cassé et même brisé. Chaque jour, il se pose les mêmes questions. Questions auxquelles il ne trouve jamais les réponses. Il vit avec des doutes et une indignation permanente envers ses parents mais aussi envers lui-même.

Puis en grandissant, lorsqu'il commence à s'attacher à quelqu'un, en amitié autant qu'en amour il devient impulsif dès que la situation semble lui échapper. Un jour dans un excès de rage, il devient même violent à son tour. Violent avec autrui ou violent avec sa propre personne. Pour quelles raisons ? Parce qu'il n'a jamais su lâcher prise. Il a grandi dans un environnement où les disputes, les cris et les coups étaient devenus monnaie courante. Son univers lui a donc appris que lorsqu'on ne parvenait pas à gérer une situation on pouvait faire usage de la violence. En ne réussissant pas à pardonner, il a laissé la haine et l'agressivité l'envahir. C'est ainsi qu'il finit par reproduire à son tour le même schéma. Les émotions malsaines et les démons de son enfance l'ont finalement fait devenir ce qu'il avait toujours lui-même détesté.

Pardonner ne nous oblige pas à comprendre, à excuser ni même à refaire confiance de nouveau. Cela nous permet seulement de nous libérer des émotions négatives et douloureuses au profit de l'indifférence, de la paix et de la sérénité.

Le pardon peut se manifester de deux manières différentes mais il doit être accordé dans tous les cas.

Premièrement, la personne qui nous a blessé nous présente d'elle-même des excuses, elle reconnait avoir fait un faux pas. Dans ce genre de situation, accorder son pardon semble moins difficile. Et pour cause, ici les motivations sont multiples. On se dit qu'on peut pardonner et qu'on ne prend pas trop de risque car la personne a compris la « leçon ». On se libère donc nous-même mais on libère aussi la personne en question du sentiment de culpabilité qu'elle éprouve. Ensuite on peut choisir de lui refaire confiance ou non mais on parvient tout de même à l'excuser.

À l'inverse, il est également possible que l'on se sente affecté, trahi ou abusé mais que le « coupable » ne s'en rende jamais compte. Dans ce cas, il est évidemment plus complexe de pardonner car la personne n'a pas pris conscience du mal qu'elle avait causé. Pourtant, il est tout de même nécessaire de lâcher prise. Non pas pour l'individu qui nous a heurté, cette fois ci on le fait pour nous uniquement. On pardonne pour nous accorder la chance de trouver la paix malgré la blessure que l'on nous a infligée.

Si jusqu'à maintenant nous avons parlé du pardon que l'on acceptait d'accorder aux autres, excuser nos propres fautes est tout aussi important. Même si cela peut paraitre simple, pour certaines personnes, c'est pourtant le pardon le plus difficile à accorder.

À même titre que nous savons maintenant pardonner notre entourage, nous pouvons désormais nous libérer nous-même de nos erreurs. Prenons conscience du mal que l'on a pu causer, présentons nos excuses, puis enfin cessons de nous blâmer.

Si la personne que nous avons heurtée choisit de ne pas nous accorder son pardon malgré les efforts et les excuses que nous avons fournis, ce n'est plus de notre ressort. Ici, il faut seulement lâcher prise et nous accorder le pardon nous-même. Dès lors que nous avons compris notre erreur et que nous nous sommes fait la promesse de ne plus jamais blesser quelqu'un de la même manière, nous pouvons sans aucun problème nous libérer de notre sentiment de culpabilité.

Le pardon est un choix qui nous permet d'avancer plus loin en étant plus léger. C'est le soulagement le plus intense que l'on puisse offrir à notre vie et à notre esprit.

Chapitre 10 : DÉFI PERSONNEL

Souvent nous avons cette fâcheuse tendance à repousser les échéances. On reprogramme, on diffère au lendemain ou au mois prochain des tâches ou des objectifs que l'on s'était fixés et que l'on se doit d'accomplir.

La lecture des précédents chapitres nous a prouvé que notre esprit avait besoin de temps et d'écoute pour s'améliorer. Ici, nous allons voir qu'il a également besoin d'une structure et d'un cadre pour s'épanouir et pour atteindre des objectifs. Nous devons impérativement donner un sens et un intérêt à chacune de nos journées.

Pour cela, nous allons mettre en place des défis personnels de manière efficace et quotidienne.

Chaque matin, avant même d'attraper son téléphone, on choisit un objectif que l'on devra accomplir dans la journée. Un objectif qui nous permettra de nous améliorer ou bien de nous rapprocher de nos projets futurs. Puis le soir, avant d'aller dormir on s'accorde quelques minutes pour analyser notre accomplissement.

L'avantage premier de ces défis quotidiens réside dans le fait que l'on puisse voir les résultats de manière immédiate. Ces actions sont concrètes et nous procurent donc une extrême satisfaction en donnant une importance capitale à chaque jour qui passe. On s'endort automatiquement plus serein, avec la sensation intérieure que notre journée a été utile et qu'elle nous a permis d'avancer encore un peu plus vers notre cible et nos projets.

Se mettre au défi quotidiennement permet petit à petit de retrouver confiance en soi. Chaque jour, on repousse nos limites et les barrières que l'on s'était construit puis on sort de cette zone de confort qui nous encercle et nous séquestre. On arrête de se cacher et de se laisser vivre, puis on ose et on agit. On finit ainsi par se rendre compte que l'on est capable, capable de réussir et d'avancer, capable de s'améliorer, et d'évoluer.

Cette méthode crée naturellement une fierté personnelle des plus essentielles.

Bien entendu, les challenges et les défis que nous nous lançons doivent être en accord avec ce dont notre corps et notre esprit ont besoin. Comme dans une dissertation, nous devons ici répondre à notre propre problématique.

Dans un premier temps nous pouvons choisir d'agir sur les défauts qui nous empêchent d'avancer comme on le souhaiterait.

Par exemple, quelqu'un de timide ou d'introverti peut prendre la décision de s'ouvrir plus aux autres. Chaque jour il se fixe le défi d'engager la conversation avec quelqu'un à qui il n'a pas l'habitude de parler. Il peut également choisir de prendre part à des discussions qu'il préférait auparavant éviter.

Ces défis personnels nous permettent de travailler sur les failles qui nous constituent. Si ces exercices nous aident à améliorer notre façon d'être, ils peuvent également avoir un impact positif sur notre façon de vivre.

Dans un second temps nous choisirons donc de travailler sur nos mauvaises habitudes du quotidien. Nous pourrons par exemple décider de lire plus de livres, de moins utiliser son smartphone ou encore de consommer mieux et de manière moins abondante.

L'objectif et la finalité recherchée étant de réussir à casser nos habitudes au profit de la nouveauté et de l'amélioration.

Pour finir, nous allons utiliser les défis personnels pour atteindre nos objectifs de vie en avançant de manière concrète vers nos projets futurs. Avoir de l'ambition et des rêves c'est puissant, parvenir à les réaliser c'est encore plus intense.

Pour cela, posons-nous une question toute simple : quel projet nous tient le plus à cœur dans l'immédiat ? Qu'il soit personnel ou bien professionnel celui-ci nécessite sans aucun doute un travail régulier et conséquent. Il est nécessaire en premier lieu d'établir un plan avec toutes les étapes et les actions qui nous emmèneront vers l'accomplissement de ce projet.

Par exemple, écrire un livre ne se fait évidemment pas en un jour. Cela nécessite un travail de longue haleine. Pour arriver à la finalité escomptée il faut franchir de nombreux paliers. Avant même de commencer la phase d'écriture il faut trouver un sujet qui nous inspire, faire d'éventuelles recherches sur celui-ci, puis élaborer un plan structuré. Ensuite, il est fondamental de coucher sur le papier toutes les idées qui nous viennent en tête, même les plus brutes, surtout les plus brutes, sans même penser au style d'écriture ou à la structure des phrases. Seulement après tout cela vient le moment où l'on commence à mettre en page, à construire de belles tournures et à classer nos idées sous forme de chapitres.

L'exemple du livre est personnel mais la méthode reste identique pour chacun des projets. Nos plus beaux objectifs nécessitent beaucoup d'implication personnelle et si l'on ne veut pas être démotivé par la charge de travail il faut la diviser en petites étapes sur lesquelles on pourra se pencher chaque jour. En procédant palier par palier on évite de se démoraliser devant quelque chose qui nous parait inatteignable et insurmontable.

Que ce soit pour une création d'entreprise, pour l'apprentissage d'une langue étrangère, pour l'obtention d'un diplôme ou bien pour atteindre un poste supérieur dans une entreprise, tous ces objectifs requièrent de la détermination. Cette méthode est un moyen imparable pour parvenir à les atteindre.

Ces exercices du quotidien nous poussent à nous écouter davantage. Ils nous obligent à nous demander chaque jour ce que nous voulons le plus et ce qu'il est primordial de mettre en place pour y parvenir. Les défis personnels nous apportent une extrême satisfaction et nous plongent dans un univers où concret est le mot d'ordre.

Ne baissons plus les bras parce que l'on estime à tort que nous n'avons pas les capacités. Nous sommes tous en mesure de réaliser ce qui nous tient à cœur si l'on s'en donne véritablement les moyens.

Chapitre 11 : AUCUN REGRET

Dans ce chapitre, il convient d'apporter une précision sur le sens de deux termes que nous avons pour habitude de confondre ou de juger similaires. Bien souvent, nous n'arrivons pas à distinguer la différence entre éprouver des remords et avoir des regrets. Et pour cause, la frontière entre la signification de ces formules est assez abstraite.

Les remords apparaissent lorsque l'on prend conscience que l'on a fait une erreur ou que l'on a mal agi. On éprouve des remords lorsque l'on a blessé quelqu'un ou que l'on a effectué une action qui nous a finalement nui par exemple.

Les regrets quant à eux sont le résultat d'une action non effectuée. Ils peuvent également apparaître après la perte de quelqu'un ou de quelque chose ; Une perte qui nous attriste et nous renvoie de manière nostalgique vers notre passé. Lorsque l'on souhaite revenir en arrière pour effectuer une action que l'on jugeait nécessaire ou pour revivre un bonheur que l'on estime perdu, on éprouve alors des regrets.

En d'autres termes, les remords surviennent après une action négative que l'on a effectuée tandis que les regrets sont la conséquence de quelque chose que l'on aurait dû faire mais que l'on a manqué.

Ici, nous allons mettre de côté la faculté que nous avons à éprouver des remords. Si nous avons correctement suivi le chapitre sur le pardon personnel, nous sommes à présent en mesure d'excuser nos fautes et de ne pas les ressasser, à condition évidemment, de ne plus les réitérer. Les remords ne doivent donc plus être une source intense de douleur ni d'angoisse.

Nous allons plutôt nous concentrer sur les deux formes de regrets qui peuvent se dessiner en nous et comment nous devons agir pour les contrer.

Regretter notre passé ou nos prises de décisions est un sentiment négatif puissant faisant naître une intense culpabilité. Les regrets agissent comme un véritable poison sur notre esprit et sur notre état psychologique. Nous ressentons au fond de nous la vive envie de modifier ce qui appartient au passé et qui n'est donc plus de notre ressort.

Comme nous l'avons vu précédemment, il existe deux situations propices à l'apparition d'un sentiment de regret. Premièrement lorsqu'on estime avoir raté une opportunité qui nous aurait permis d'avancer et d'atteindre un objectif.

Deuxièmement lorsque l'on perd quelqu'un et que le manque et la nostalgie nous hantent et nous obsèdent.

Pour ne plus rater d'opportunités et ne plus regretter nos manquements nous devons commencer par agir en écoutant nos envies les plus profondes. La grande majorité des décisions que l'on prend sont basées essentiellement sur un besoin de sécurité. On se créait des habitudes qui nous rassurent et nous donnent l'impression d'avoir du pouvoir et de la force. Finalement nous n'osons plus sortir de cette zone de confort par peur d'être déstabilisé ou de ne pas être suffisamment légitime. C'est en se comportant ainsi que l'on finit par regretter amèrement des périodes de notre vie sur lesquelles nous n'avons aujourd'hui plus aucune capacité d'action.

Oublions donc la possibilité d'échouer, mettons de côté le regard et le jugement des autres et agissons pour nous, pour notre réussite et notre fierté personnelle. Se priver d'une quelconque action par peur de ne pas obtenir la satisfaction escomptée entrainera inévitablement une montagne de regrets. Quoi qu'il puisse arriver il sera toujours plus gratifiant et valorisant d'essayer, peu importe le résultat final.

Prendre des risques et oser est une conception de la vie que nous devons développer pour assurer notre réussite et notre bien-être intérieur. Se tromper ou échouer n'est aucunement fatal. Au contraire, cela nous permet d'analyser les raisons de notre échec et pourquoi pas de réessayer plus tard en ayant une meilleure vision sur la situation. Pour avancer plus loin nous avons besoin de nous tromper, de tomber puis de nous relever et de réessayer. C'est le seul comportement qui puisse nous offrir le pouvoir de gagner. À l'inverse si on ne tente rien, on ne se laisse aucune chance, on perd la partie avant même de l'avoir laissé commencer. C'est ainsi que naissent les regrets.

Nous souffrirons toujours plus de ce que nous n'avons pas fait que de ce que l'on a fait et qui n'a finalement pas fonctionné. Parfois on perd, parfois on gagne mais dans tous les cas on apprend.

En saisissant chacune des opportunités qui viennent à nous on réduit considérablement la probabilité de voir naître quelconque forme de regrets. Nous avons tous au fond de nous le courage d'assumer nos rêves, nos envies, nos sentiments et nos idées. Il suffit de se laisser la force d'y croire.

Créer son entreprise, reprendre ses études, partir vivre à l'étranger, ou encore avouer ses sentiments ; l'éventail est large mais chacun de ces exemples mérite que l'on y croie et que l'on agisse. N'attendons pas le « bon moment » pour faire vivre nos envies car en réalité il n'y a pas d'instant plus ou moins propice qu'un autre.

Notre vie c'est maintenant que nous devons la vivre. Celle-ci n'est pas éternelle et malheureusement tout peut brusquement basculer du jour au lendemain. Nous n'avons pas le temps de douter. Ne construisons pas notre vie sur les désirs d'autrui. Ne repoussons pas sans cesse la difficulté à plus tard. N'enterrons plus nos désirs les plus profonds sans jamais leur laisser la chance de nous rendre intensément heureux.

Agissons maintenant parce que demain est si imprévisible et tellement incertain. La vie est merveilleuse pour qui veut bien la vivre pleinement.

La deuxième source malsaine et nocive de regrets apparait après la perte d'un être cher, ou d'une période de notre existence que l'on jugeait idyllique. Un décès, une rupture amicale ou bien amoureuse nous plongent très vite dans une sensation de douleur extrême. Le manque est profond, il est intense et devient très vite insupportable. Dans une telle situation il est normal dans un premier temps d'avoir mal et de souffrir. Encore une fois nous devons laisser de la place à nos émotions, même aux plus douloureuses. Néanmoins nous ne devons pas leur permettre d'éteindre de manière définitive la flamme de bonheur qui nous habite.

Regretter une relation amoureuse par exemple, au point de se sentir vide et de ne pas réussir à se détacher de l'être aimé est une attitude nocive et néfaste. Effectivement, il est parfois nécessaire de laisser partir les personnes que l'on aime pourtant le plus ; pour leur bien-être à elle premièrement mais aussi pour nous. Malgré le chagrin et la difficulté que nous éprouvons à nous éloigner de cette personne que l'on aime tant, il est nécessaire de la laisser prendre son envol ; injuste, douloureux, peut-être, mais inévitable. S'accrocher à quelqu'un qui n'est plus heureux avec nous n'est pas synonyme d'amour mais plutôt d'amour-propre.

Parfois les chemins doivent se séparer pour mieux se retrouver ou tout simplement pour ouvrir d'autres portes et créer d'autres routes. Nous devons accepter cette décision et tirer des leçons de cette séparation. De cette manière, nous nous laissons la chance de nous améliorer et de nous épanouir autrement dans une nouvelle relation. Il ne tient qu'à nous de ne pas nous laisser abattre et de relever la tête pour avancer différemment, pour devenir meilleur et pour grandir tout simplement.

Dans le cas d'un décès, la démarche est encore différente. Apprendre à dire adieu à un être qui nous était cher est sûrement la chose la plus difficile à laquelle nous pouvons être confrontés. Il est nécessaire de comprendre que faire le deuil d'une personne décédée ne signifie pas que l'on doit l'oublier. Nous devons seulement accepter son absence et nous accorder le droit de vivre sans elle. Laissons son âme s'envoler et relevons-nous pour continuer de la faire vivre à travers nos propres choix, nos actes et nos accomplissements. Même si la présence n'est plus physique nous pouvons toujours la laisser exister à l'intérieur de notre cœur et agir pour la rendre fière. C'est la plus belle preuve d'amour et la meilleure façon de remercier quelqu'un qui est à nos yeux partit trop tôt.

Regardez le ciel, et cherchez l'étoile qui brille encore plus intensément que les autres, cette personne est juste là, au-dessus de vous, son âme ne vous abandonnera jamais.

Pour vivre pleinement, serein et heureux nous ne devons laisser aucune place aux regrets. Regretter c'est penser de manière complètement hypothétique qu'une situation aurait été meilleure qu'une autre. Mais puisque celle-ci ne s'est jamais produite nous n'avons aucune certitude sur le bonheur qu'elle aurait pu nous apporter. Laissons-nous guider par ce qui est réel, ce qui est palpable, plausible et possible plutôt que par ce que l'on imagine, ou que l'on suppose.

Chapitre 12 : LA PENSÉE POSITIVE

Dans notre société moderne, il est parfois difficile d'adopter une vision positive de la vie. Nous sommes régulièrement, voir même constamment confrontés à des mauvaises nouvelles. Lorsque l'on écoute les informations on entend parler d'agressions, de grèves, de pollution, de dérèglement climatique ou encore de violences policières. Malheureusement les exemples sont encore bien plus nombreux. Les médias ont pour rôle de parler de ce qui est déréglé et de ce qui pose problème. Tout ce qui est dans la norme ne suscite pas de polémique et cela entraine automatiquement des audiences plus faibles pour la télévision et des ventes moindres pour les journaux papiers.

Quoi que l'on puisse dire ou penser notre œil est attiré par les gros titres révoltants ou offensants. L'être humain de manière générale développe une tendance à s'attarder sur le négatif plutôt que sur le positif, qui, selon lui représente seulement ce qui est normal.

Par exemple, en entreprise, nos supérieurs ne nous féliciteront pas à chaque fois que l'on effectue correctement notre travail. Nous sommes payés pour ça. À l'inverse, ils pointeront du doigt chaque erreur, retard ou manquement à nos tâches ou à nos missions.

La pensée positive est un mode de vie qui permet d'adopter une meilleure vision du monde, de nous-mêmes mais aussi des autres. Dans son livre « Transformez votre vie », Louise L Hay disait « Au fur et à mesure que je modifie mes pensées, le monde autour de moi se transforme ». Le but de cette nouvelle vision n'est pas de se voiler la face, ni d'omettre les éventuels problèmes qui nous entourent mais plutôt d'y faire face avec une posture plus optimiste. Cette méthode de pensée nous pousse à modifier notre perception des choses pour parvenir à relativiser chaque situation et ainsi accorder plus de place au positif.

Pour parvenir à atteindre cette sagesse d'esprit il convient de mettre en place quelques rituels et croyances qu'il faudra petit à petit transformer en habitude quotidienne.

Pour commencer, prenons conscience de la chance que l'on a de vivre. Notre santé nous donne chaque jour l'opportunité d'avancer et d'accomplir d'immenses choses. Nous respirons, nous parlons, nous pensons et nous ressentons. Cela vous parait ordinaire, banal ? Et pourtant il n'y a rien de plus précieux. On ne se rend compte de l'importance de la vie que lorsque l'on a failli la perdre suite à un accident ou une maladie. C'est tragique et dramatique de penser ainsi. Vivre est une véritable chance et nous devons en être reconnaissant à chaque seconde qui passe. C'est la première étape vers une transformation positive.

Il convient ensuite d'éprouver de la gratitude pour toutes les personnes qui font partie de notre vie. Famille, amis, compagnons amoureux, même s'ils sont là tous les jours nous ne devons jamais les considérer comme acquis. Leur présence ne doit pas être perçue comme un dû ou une simple habitude car en pensant ainsi, même inconsciemment, on néglige totalement l'importance que ces gens ont dans notre cœur. Lorsque nous allons boire un café avec un ami, lorsque nous partageons un bon film avec notre conjoint ou que l'on organise un repas de famille ce n'est pas une banale occupation, c'est une chance exceptionnelle. N'attendons pas de perdre quelqu'un pour prendre conscience du bonheur qu'il nous apportait. Remercions-les et remercions surtout la vie d'avoir mis sur notre chemin des personnes qui nous écoutent, nous soutiennent, nous rassurent et par-dessus tout, nous aiment.

Apprendre à penser positif demande également une bonne dose de bienveillance envers nous-mêmes. Avant un rendez-vous amoureux, un entretien d'embauche, un examen, ou devant n'importe quelle autre situation qui puisse entrainer du stress, nous devons nous répéter que nous sommes capables. Capable de réussir, capable de montrer le meilleur de nous, capable de prouver que nous sommes forts. En pratiquant l'auto-persuasion on rassure notre esprit et on trouve ainsi plus facilement les ressources nécessaires pour atteindre notre objectif. Visualiser notre victoire nous conditionne de manière extrêmement positive. Cette méthode permet de multiplier considérablement nos chances de réussite.

Pour finir, il est primordial de sourire plusieurs fois par jour, même pour les petits détails les plus infimes. À chaque fois que nous sourions, nous provoquons un mouvement du visage que le cerveau traduit automatiquement comme une source de bien-être. Il nous remplit de joie, de chaleur, de plaisir et de bonheur. Croiser le regard de quelqu'un dans la rue, observer des enfants jouer ensemble dans un parc, admirer les jolies illuminations de notre ville, regarder une comédie à la télévision, tout est prétexte à sourire. Celui-ci conditionne notre esprit à être heureux, invoque un sentiment de plénitude au fond de notre cœur et finalement nous rend bien plus épanoui chaque jour.

Pour nous rendre compte à quel point la vie est belle pour qui veut bien la voir de manière positive, nous allons mettre en place un petit exercice du quotidien. Chaque jour, il convient d'écrire sur un morceau de papier un évènement positif de notre journée. Une phrase suffit. Cela peut-être une bonne note à l'école, un bon repas, un compliment de son patron ou même un rayon de soleil pendant la pause déjeuner. Peu importe la nature du moment choisi, tant que celui-ci est agréable il nous permettra de chasser le négatif pour nous focaliser sur des instants de bonheur, même s'ils sont simples. Chaque soir, avant de s'endormir, on glisse ce papier dans une boite et on remercie intérieurement la vie de nous avoir offert ce petit plaisir.

Pour que l'exercice soit complet et plus pertinent, il est préférable de laisser passer plusieurs jours avant de relire nos mots. À la fin de la semaine, voir même du mois, on rouvre cette boite, puis on redécouvre chacune de nos phrases. On prend conscience que nous vivons des petits bonheurs et des instants de plaisir au quotidien. Au début, certains des moments que nous avons choisis peuvent finalement paraître dérisoires. Néanmoins, nous ne devons en aucun cas les dénigrer. Sur le moment présent c'est l'instant que nous avions élu, son importance est donc tout aussi capitale. Même si en le comparant aux autres celui-ci semble ridicule nous devons comprendre que parvenir à transformer des choses simples en souvenirs merveilleux est une capacité extrêmement précieuse.

La pensée positive offre une qualité de vie suprême. Elle dégage une aura agréable pour quiconque parvient à l'adopter. Le bonheur, la confiance et le plaisir de vivre se lisent à travers les traits de notre visage, de notre regard et même dans la posture de notre corps. Ce sont autant de détails qui permettent d'inspirer la confiance à ceux qui nous entourent et d'agir sur notre propre réussite.

Chapitre 13 : PASSION ET ENTHOUSIASME

Trouver une passion qui anime notre vie est une véritable chance, c'est une source de bonheur intense, un trésor d'épanouissement. Nos passions nous donnent de la force et de l'énergie, elles nous font vibrer. Elles agissent sur notre corps et notre esprit comme une bouffée d'oxygène pure. Être passionné, c'est aussi nous offrir la possibilité de nous surpasser. Sans même nous en rendre compte, notre motivation est décuplée et notre créativité s'accentue de manière exceptionnelle. Nous nous laissons instinctivement guider par le désir constant de faire de notre mieux. Nous repoussons sans cesse nos limites pour aller plus loin sans qu'il n'y ait une quelconque raison qui nous y oblige. On le fait uniquement pour nous, pour notre plaisir et notre satisfaction personnelle.

En lisant cela, certaines personnes peuvent culpabiliser, se questionner, chercher quelle est leur passion sans jamais trouver de réponse. Il n'y a rien de grave là-dedans. Nous n'avons pas tous une passion exclusive et unique. Parfois nous avons seulement plusieurs centres d'intérêts différents.

Les personnes passionnées se lancent à corps perdu dans l'activité qu'elles affectionnent tout particulièrement, tandis que les individus enthousiastes parviennent à s'épanouir dans de multiples occupations. Il n'y a pas une situation meilleure qu'une autre tant que celle-ci nous rend heureux. Demandons-nous seulement ce que l'on aime faire, qu'est ce qui nous occupe et nous permet de nous évader ? La danse, la lecture, l'écriture, le dessin, la musique, la photographie, la cuisine ou encore la mécanique, les possibilités sont nombreuses voir même infinies.

Nous avons tous besoin d'avoir un exutoire dans nos vies, quelque chose à quoi nous raccrocher dans les moments difficiles, quelque chose qui nous fait du bien et surtout qui nous est propre. Ces instants de lâcher prises doivent nous appartenir et ne reposer sur personne d'autre que sur nous-même. Passer des après-midis entre amis, par exemple, ne fonctionne pas ici, car on remet notre bonheur personnel dans les mains d'autrui. Le jour où notre cercle d'amis n'est finalement pas disponible notre journée perd de sa saveur. Nous serons déçus, et nous estimerons peut-être même que cette journée est gâchée et qu'elle sera synonyme d'ennui.

Le but est de trouver une activité qui nous permettra justement de prendre goût à nos moments solitaires. Nous n'aurons plus besoin d'une présence constante à nos côtés. De cette manière, nous apprenons à nous épanouir seul.

Cette passion ou cet enthousiasme, personne ne doit pouvoir nous l'enlever. Au même titre qu'il est important de créer des souvenirs avec son entourage, passer du temps avec nous-même est tout aussi fondamental. D'une part cela permet de nous créer une identité qui nous est propre et qui nous différencie des autres. D'une autre part cela agit sur notre confiance et notre estime personnelle.

Lorsque l'on aime faire quelque chose on ne compte pas nos heures, on se sent à l'aise, on ose aussi plus facilement prendre des risques. On apprend à se faire confiance et à suivre notre instinct. Si l'on échoue ou que l'on se trompe on recommence sans pour autant ressentir de la frustration, de la tristesse ou de la déception. C'est ainsi que nous parvenons à accomplir et à sublimer ce qui nous tient à cœur. Autrement dit, nos passions et nos centres d'intérêts personnels nous poussent à agir avec le cœur, avec envie et détermination.

Posons-nous maintenant une question simple : si on commençait à nous comporter de la même manière pour chacune de nos tâches quotidiennes, est-ce que l'on parviendrait à atteindre plus facilement nos objectifs ? La réponse est oui.

De la même manière que nous avons appris à mettre tout notre cœur dans nos activités personnelles, nous n'avons plus qu'à faire exactement la même chose dans tout ce que l'on entreprend. Si nous sommes capables de nous surpasser et de donner le meilleur de nous-mêmes pour nos propres petits plaisirs nous sommes également en mesure d'agir avec engouement dans nos devoirs du quotidien. Nous savons œuvrer avec détermination pour nos passions, il ne tient plus qu'à nous de garder cette même ténacité pour chacune de nos missions.

Cessons d'agir par simple contrainte ou par obligation, ouvrons notre esprit et apprécions chaque exercice que la vie met sur notre chemin. Il est extrêmement pénible de se réveiller le matin en ayant l'impression de devoir réaliser des tâches qui nous sont pesantes ou désagréables. Au premier abord préparer des examens, ou aller au travail, n'est pas forcément quelque chose de palpitant, on le fait surtout par nécessité. Pourtant si l'on parvient à modifier notre vision et notre ressenti intérieur on prend conscience que chaque action a une valeur et une utilité. Éduquons notre esprit à trouver de l'intérêt pour tous ceux à quoi il est confronté. Si nous avons une obligation nous nous devrons quoi qu'il advienne de l'accomplir. À nous de choisir si l'on souhaite le faire avec le sourire pour en retirer tous les bénéfices ou si l'on préfère nous lamenter et nous apitoyer sur ce qui devra de toute manière être effectué.

Dès lors que nous avons compris et intégré cela, il devient plus facile de vivre avec légèreté. En s'intéressant et en s'impliquant pleinement dans tout ce que l'on entreprend nous créons un cercle vertueux entrainant réussite et épanouissement. Chacun d'entre nous peut devenir un être frénétiquement passionné et enthousiaste. Faisons le choix de vivre notre vie intensément plutôt que de la subir quotidiennement.

Chapitre 14 : AIMER INTENSÉMENT ET SAINEMENT

Nous vivons dans un monde de plus en plus urbanisé. Nous troquons allègrement les espaces verts au profit d'immeubles en béton et de routes goudronnées. Le bruit des moteurs, des klaxons et l'agitation de la foule nous éloignent petit à petit de la simplicité que nous offre la nature. Pourtant, elle représente ce qu'il y a de plus pur et de plus vrai. Nous devrions tous pouvoir nous émerveiller devant les couleurs de l'automne, l'odeur de la pluie, la chaleur du soleil sur notre peau, le bruit du vent ou encore le dessin des vagues sur l'océan. Ne banalisons pas les merveilles que la nature a créées et consacrons-lui du temps. Même les grandes villes disposent de parcs, de cours d'eau ou de forêts. Accordons-nous parfois des instants de reconnexion avec le monde qui nous entoure.

Parvenir à aimer la nature et savoir savourer ce qu'elle nous donne présente d'innombrable bienfaits pour notre corps et notre cerveau. L'espace d'un instant notre stress et notre anxiété s'envolent, laissant toute la place au calme et à la sérénité. Notre esprit se détend, il devient plus sain. Ainsi, nous voyons de manière bien plus précise quels sont nos besoins et écoutons plus facilement nos émotions. Ces moments de calme font naître en nous l'envie d'aimer tout ce qui nous entoure. Nous nous remplissons d'un sentiment de plénitude des plus agréable.

L'amour que l'on peut donner est sans limite, nous pouvons aimer profondément chaque lieu et chaque personne qui nous entoure dès l'instant où nous l'avons choisi et décidé. Bien évidemment, nous avons tout de même le droit d'avoir nos préférences. Nous avons même le droit d'être complétement indifférent à quelqu'un ou à quelque chose mais ne le détestons jamais. Détester est un sentiment aussi puissant que celui d'aimer, cela demande énormément d'énergie. Ne nous épuisons pas à haïr, restons seulement insensibles, impartiaux et gardons plutôt notre force pour donner de l'amour.

Notre famille, nos amis, tous ont besoin d'être aimés. Nos parents représentent les fondations de notre être, ils nous ont donné la vie, puis ils nous ont en partie construits. Nos amis quant à eux nous donnent de la force au quotidien. Force que l'on choisit ou non de décupler nous-même, mais quoi qu'il en soit toutes ces personnes qui nous entourent contribuent en partie à notre réussite. Ne nous contentons pas de vivre à leurs côtés, épaulons-les, écoutons-les et prenons surtout le temps de les aimer. Ils sont notre trésor et notre richesse la plus authentique.

Nous avons trop souvent peur d'aimer, ou plutôt peur de le faire transparaitre. Ce sentiment puissant et profond nous effraie. En amour comme en amitié il est rare que l'on se livre totalement sur ce que l'on ressent. Peut-être par crainte d'aimer trop ou en tout cas plus que l'autre. Pourtant, l'amour ne se quantifie pas, il ne se gradue pas, il se vit et se ressent. N'ayons plus honte de dire je t'aime, dévoilons-nous, ouvrons-nous maintenant, dans l'instant présent comme si demain ne nous le permettrai plus.

Toutefois, aimer profondément et sans compter ne signifie pas pour autant que l'on doit éprouver des sentiments déraisonnés, exclusifs ou malsains. Aimer de manière infinie ne veut pas dire que l'on s'approprie quelqu'un ou quelque chose. On ne doit en aucun cas lui voler sa liberté ni lui donner la nôtre d'ailleurs.

Dans un couple par exemple, il y a le « moi », il y a le « lui » ou le « elle » qui finissent par former le « nous ». Chaque partie a une importance capitale. Il est primordial d'estimer le « nous », de lui donner de l'importance, de le protéger et de le chérir mais celui-ci ne doit jamais prendre le dessus sur le « moi » ni sur le « lui » ou le « elle ». Pour que le « nous » vive, les deux parties qui le constituent doivent parvenir à s'épanouir de manière individuelle. Chacun doit pouvoir garder sa liberté et faire ses propres choix. C'est le secret d'un amour durable et sain. Si l'on s'efface pour ne vivre qu'à travers le « nous » notre existence personnelle perd toute sa valeur.

Nous avons sûrement tous vécu un amour passionnel, puissant et magique qui nous a transcendés. Nous aurions tout donné pour ne jamais le perdre et pourtant au fil du temps celui-ci s'est décomposé, dégradé puis a finalement succombé. L'amour passionnel détruit l'individualité des deux parties, il ne laisse de la place que pour le « nous ». C'est pour cette raison que cet amour ne peut pas durer éternellement.

Lorsque l'on aime, on partage les meilleurs moments ensemble, on se soutient face à la difficulté, on se tire vers le haut mais pardessus tout on se laisse de l'espace.

Il en est de même pour l'amour parental. Les parents n'aiment jamais trop leurs enfants mais il arrive parfois qu'ils les aiment mal. En voulant les surprotéger, ou bien en transférant sur eux leurs propres rêves.

Par exemple, un père qui avait pour objectif ultime de devenir un grand footballeur peut tenter de vivre son rêve à travers la vie de son fils. Ayant échoué dans sa jeunesse il remet entre les mains de son enfant ses propres ambitions. Il l'inscrit donc au football même si celui-ci préférait la boxe, l'accompagne à chaque entrainement et le pousse à être le meilleur quitte à devenir dur. Il pense faire tout cela pour le bien de son enfant mais en réalité il le fait seulement pour son bien-être et sa satisfaction à lui. Il prive son fils de sa jeunesse, de sa vie, il l'emprisonne dans des choix qui ne sont pas les siens. Il n'y a aucun doute sur le fait que ce père aime son enfant de manière inconditionnelle mais il ne l'exprime pas d'une manière saine.

Laisser l'autre libre de faire ses propres choix et le soutenir malgré les désaccords est ce qui constitue le véritable amour. Le seul qui soit intensément équilibré, sain et pur. Chacun est décisionnaire de sa propre vie, personne ne doit pouvoir influencer nos décisions même par amour.

Laissons notre esprit aimer sainement et intensément tout ce qui l'entoure sans le brider. Laissons-le vibrer et frissonner. Il n'y a rien de plus beau que d'aimer. Tout est sujet à l'amour. Aimons notre personne, aimons le monde et la nature, aimons nos amis et notre famille. Aimons tout simplement la vie.

Remerciements

À tous mes amis ainsi qu'à ma famille, je vous remercie pour votre soutien sans faille et pour vos encouragements si précieux. Merci d'avoir cru en moi, d'avoir su trouver les mots dans mes moments de doutes.
Je remercie particulièrement ma maman ainsi que Chloé et Laurine, deux amies très proches, pour avoir lu ce récit avant tout le monde et pour m'avoir épaulée tout au long de ce magnifique chemin.
Merci infiniment à Clément pour ses talents de graphiste qui m'ont permis de réaliser la couverture de ce livre qui m'est si cher.
Pour finir je remercie la vie d'être parfois dure et cruelle, mais tellement belle et intense.

Je dédie ce récit à mon grand-père qui me manque chaque jour qui passe.
J'espère que de là-haut tu es fier de la personne que je deviens.

Sommaire

Imprimé en France en janvier 2020

Dépôt légal : décembre 2019
ISBN 979-10-699-4656-9

Printed by Amazon Italia Logistica S.r.l.
Torrazza Piemonte (TO), Italy

11718153R00068